EL GRAN LIBRO DE JUEGOS DE INTELIGENCIA PARA PERROS

Una educación y disciplina positiva
para su amigo de cuatro patas

incl. entrenamiento en
casa para cachorros

César Martín Sanz

Primera edición original

Quedan reservados todos los derechos, en particular la explotación y distribución de los textos, cuadros y gráficos.

Aviso legal:

Book Shelter GmbH

Aufhäuserstraße 64

30457 Hannover

Germany

INHALTSVERZEICHNIS

Prefacio

Los perros necesitan algo más que paseos y deportes caninos para tener una vida feliz. El ejercicio físico por sí solo es insuficiente. Nuestros amigos de cuatro patas también quieren estar ocupados mentalmente. Como pasan la mayor parte del día en el interior de la casa, esto no es tan fácil. Los paseos automáticos y los escasos contactos sociales con otros perros limitan su bienestar. Si su dueño tiene prisa, la recopilación de información mediante el olfateo también le queda corta.

En pocas palabras: el perro está aburrido y se vuelve perezoso y aletargado.

En la ciudad no hay muchas oportunidades de salir. Si siempre se pasea por la misma ruta, el perro desarrolla rápidamente una rutina de paseo. El perro conoce a todos los demás perros con los que comparte el territorio. La zona de los perros pequeños apenas ofrece algo nuevo que pueda ser explorado. El aburrimiento se impone. Si el propietario no proporciona variedad durante los paseos, el perro desarrolla un síndrome de aburrimiento. El perro solo camina junto al dueño con la cabeza baja. Se aburre y se retrae cada vez más. Apenas hace contacto con otros animales.

Lo que es muy cómodo para el dueño, se convierte en un desastre para el perro. Aunque parece que la rutina maquinal funciona para ambos, en realidad hace que el animal esté constantemente estresado. Los perros que se han rendido a su destino de esta manera suelen enfermarse más y también viven menos que los perros mentalmente activos.

Para evitar que vuestro perro llegue a este estado debe actuar lo más pronto posible. Fomente sus actividades cerebrales con ejercicios mentales apropiados. Organice juegos interesantes dentro y fuera de casa y demuéstrele que la vida siempre tiene algo nuevo que ofrecerle. El vínculo entre usted y su querida mascota se fortalecerá. Al cabo de poco tiempo, tendrá a su lado un perro vital y activo que disfruta formando parte de su vida.

En este libro encontrará numerosos consejos sobre cómo hacer que el ejercicio mental sea divertido para vuestro perro. En los primeros capítulos entenderá mejor la naturaleza del perro y sus necesidades básicas. Aprenderá a interpretar el lenguaje corporal del perro, así podrá comunicarse fácilmente con él. Los siguientes capítulos estarán enfocados en mantener a nuestra mascota activa dentro y fuera de casa. Podrá poner en práctica múltiples sugerencias de actividades recreativas de acuerdo con sus condiciones. Hemos añadido una sección con juegos para perros con necesidades especiales (es decir, limitados por enfermedades o discapacidades) y para personas mayores. Verá que es posible mantener a cualquier perro ocupado de forma adecuada y mantener su actividad mental hasta la vejez.

Esperamos que disfrute de la lectura de este libro. Sumérjase en el mundo de los perros y sus pensamientos. Pruebe los juegos con vuestro perro y divertíos juntos.

Por qué los juegos son tan importantes para los perros

El instinto de juego está presente en todos los seres vivos. Pero jugar no es solo divertirse. Jugar también tiene otras funciones importantes en la vida. Sin juego, el perro se retrae en sí mismo y puede padecer depresión debido a la falta de contacto. El perro ya no ve ningún sentido a su vida y simplemente se rinde a su destino.

¿Qué tareas cumple el juego en la vida de un perro?

El oceanógrafo Jacques Cousteau ya sabía que el juego es importante para todos los animales. Opinaba que el juego debía tomarse muy en serio.

El juego cumple probablemente más funciones de las que pueda imaginar.

Formación

La mayoría de los juegos suponen un reto mental y físico para vuestro perro. Favorecen el desarrollo de los músculos y también mejoran la coordinación de los movimientos. Por supuesto, todos los juegos cerebrales deben adaptarse a la condición física y a la edad del perro.

Aprender

Las actividades recreativas siempre están relacionadas con el aprendizaje. En los juegos de inteligencia, el perro tiene que buscar la solución a la tarea y probar nuevas formas de resolverla una y otra vez. De este modo, aprende a desarrollar estrategias y a pensar de forma conectiva. Esta experiencia constante aumenta su inteligencia.

Reducción de la agresividad

En toda manada de perros hay una jerarquía. Cuando un nuevo perro se une a la manada, primero debe probar su posición. Las peleas que provocan lesiones en los oponentes no están en el espíritu de la naturaleza. Entonces, ¿por qué no resolver las disputas a través de un juego? Aquí también se puede determinar cuál perro es el más fuerte. Su rival puede retirarse sin ser herido.

Reducción del estrés

Los perros están constantemente expuestos a estímulos sensoriales de todo tipo. Los ruidos fuertes, los relámpagos, las discusiones en la familia o los encuentros con otros perros siempre significan estrés. Si hay una sobrecarga de estímulos, vuestro perro tendrá problemas para relajarse y su sistema inmunitario reaccionará negativamente. El perro enfermará más a menudo o mostrará problemas de comportamiento. Con el ejercicio mental, su perro puede vivir todas sus necesidades naturales. Aprende a enfrentarse mejor a los estímulos ambientales y su capacidad de adaptación al entorno aumenta gracias al juego.

Mantener los contactos sociales

Los perros no viven aislados, sino en familia con otros perros. Los humanos sustituyen a los congéneres caninos. A través de los juegos con otros perros, su amigo de cuatro patas puede satisfacer plenamente sus necesidades. Los juegos de captura, caza u olfateo son más divertidos con otros perros.

¿Existe el aguafiestas entre los perros?

No hay perros a los que les disguste jugar o resolver rompecabezas. A todos los perros les apetece aprender y probar algo nuevo. Si aún no ha conseguido animar al suyo a jugar, es posible que no haya encontrado el método adecuado. Este libro le ayudará a ello. Cada perro tiene que ser motivado de forma particular, pues cada uno reacciona a estímulos y recompensas diferentes durante el juego.

Antes de empezar: ¿qué necesitan los perros?

El perro es considerado el mejor amigo del ser humano. Muchas personas quieren un compañero fiel a su lado en cualquier situación. Pero acoger un perro en la familia también significa asumir una gran responsabilidad durante muchos años. Por eso, antes de adoptar un perro, siempre hay que pensar bien si se podrán satisfacer sus necesidades de la mejor manera posible, sin que haya condiciones para ello.

En resumen, ¿cuáles son realmente las necesidades de un perro? Tomemos como guía la pirámide de necesidades de Maslow, diseñada por el psicólogo Abraham Maslow para hablar de las necesidades más esenciales de un individuo. En ella, las necesidades forman niveles de una pirámide escalada. En el nivel más bajo están las necesidades que son absolutamente necesarias para la vida y en los más altos aquellas relacionadas con las aspiraciones personales, es decir, la motivación de vivir.

Las necesidades básicas

Las necesidades básicas absolutas incluyen:

- Alimento
- Respiración
- Descanso
- Ejercicio mental y físico
- Exigencias fisiológicas
- Liderazgo consistente

Todo perro tiene derecho a recibir suficiente agua fresca cada día. La cantidad de agua que necesita un perro depende del tamaño corporal, el tipo de alimentación, el estado de salud, el nivel de actividad y la temperatura ambiente. En promedio, se puede esperar que un perro necesite unos 300 mililitros de agua por kilo de peso corporal cuando se le alimenta con comida seca. Si se le alimenta con comida húmeda, la cantidad de líquido necesario puede reducirse a entre 60 y 150 mililitros por kilo de peso corporal.

Un perro debe recibir alimento al menos dos veces al día. Los perros jóvenes necesitan comer hasta cuatro veces diario. Siempre es recomendable establecer una zona tranquila para alimentarlos. No se deben poner condiciones a la administración de los alimentos. Asegúrese de que el cuenco de la comida esté siempre limpio y sea cómodo para vuestro perro. No a todos los perros les entusiasma comer en un cuenco de metal. La comida debe ser sana, sabrosa y contener todos los nutrientes necesarios. Los masticables naturales son una golosina más.

La respiración es la base de la vida. Debido a la cría por tortura, a muchos perros se les niega este derecho. En algunas razas la nariz está ya tan degenerada que los perros tienen dificultades para respirar incluso en reposo. En estos casos, el ejercicio y el juego adecuados ya no son posibles.

De media, un perro necesita entre 17 y 20 horas de sueño diario. Incluso a veces se retira para dormitar y relajarse. Es importante respetar el retiro del perro y dejar que duerma sin ser molestado.

El ejercicio físico y mental también se encuentra entre las necesidades básicas de un perro. Durante el paseo, el perro debe tener la oportunidad de olfatear, relacionarse con sus congéneres y hacer suficiente ejercicio. Para mantener a su mascota ocupada mentalmente puede realizar ejercicios mentales con ella tanto en el interior como en el exterior.

Nunca sobrecargue a vuestro perro. Un perro sobrecargado sufre tanto estrés como uno aburrido. ¿Practica deportes o juegos con él? Entonces garantice al perro descansos de vez en cuando. El sobreesfuerzo no solo le hará enfermar, también le hará disfrutar menos del juego.

Las necesidades de seguridad

Las necesidades de seguridad incluyen:

- Integridad física
- Cumplir con una rutina diaria
- Tener normas
- Tener a una persona de referencia fija

Establezca un lugar seguro en su hogar donde el perro no sea molestado mientras descansa. Cuando esté en contacto con otros perros, permítale expresarse plenamente en lenguaje canino. No obligue al perro a entrar en contacto con otro animal si quiere evitarlo. Tampoco induzca encuentros que puedan desencadenar escenarios violentos entre animales. Mantenga la correa con la presión y longitud adecuada para que pueda evitar ciertas situaciones si es necesario.

Para mantener sano a su amigo canino debe llevarlo regularmente al veterinario. Los perros más viejos suelen padecer dolor debido a la artrosis (desgaste de las articulaciones). La administración de analgésicos mejora su calidad de vida.

Los perros son animales de costumbres. Las normas que se cumplen sistemáticamente dan a vuestro perro una sensación de seguridad. De esa forma, él sabe exactamente la diferencia entre „permitido" y „prohibido" y puede actuar en consecuencia.

Aunque su perro sea un miembro más de la familia y sea querido por todos, necesita una persona de referencia fija. Esta persona es también el líder de la manada, es quien da de comer y determina la rutina.

Las necesidades sociales

Las necesidades sociales más importantes son:

- Conexión con la familia
- Contacto social con humanos y otros perros/ animales
- Contacto físico

Como especie hermanada de los lobos, los perros necesitan el contacto de los miembros de su manada. Mientras que los lobos se cuidan entre ellos, los perros han sido domesticados para que la familia humana sustituyese a la manada.

Hoy en día, los perros viven en su mayoría en pisos. En consecuencia, el contacto social con otros animales es limitado. Permita que vuestro perro se haga amigo de otros perros organizando encuentros con vecinos o conocidos con mascotas. Trate siempre a su perro como un miembro más de la familia. La perrera causa daños psicológicos y problemas de comportamiento, por lo que está prohibida en la mayoría de los países.

Por otro lado, los mimos regulares refuerzan el vínculo entre usted y vuestro perro. Aproveche el tiempo de aseo para acariciarle. Tome el tiempo suficiente para él.

Agradecimiento y reconocimiento

Los perros quieren ser respetados y alabados. Solo a través de los elogios de su humano la actuación adquiere un significado especial. Demuéstrele que está satisfecho con su comportamiento. Exprese su entusiasmo en lenguaje canino. Entrene a vuestro perro con elogios. El castigo solo perturba el vínculo de confianza entre ambos.

Respete siempre la personalidad individual del perro. Es un ser que piensa y siente, además, es consciente de sí mismo. Los perros son más inteligentes de lo que creemos los humanos. Recuerdan el pasado y pueden traer viejas experiencias al presente en forma de ensoñaciones. No son ajenos al pensamiento abstracto. Aunque los perros se esfuerzan por complacer a los humanos, son seres libres que quieren vivir sus propios pensamientos.

En la cúspide de la pirámide de necesidades están la individualidad y la autorrealización. Los perros necesitan su espacio para complacer sus propia voluntad. Los perros jóvenes, en particular, deben tener la oportunidad de adquirir experiencia.

Cuando exploran su entorno pueden convertirse en perros con un carácter firme que atraviesan la vida sin miedo.

A los amigos de cuatro patas les gusta acompañar a sus compañeros humanos en sus paseos y excursiones. Pero hay momentos en los que su perro solo quiere ser un perro. Concededle este espacio y permitidle saciar sus necesidades individuales.

¿Cuál es el nivel de actividad recomendado para un perro?

Los perros son inteligentes y sociales. Sin contacto ni variedad en sus vidas, se aburren y se deprimen rápidamente. Para evitarlo, su humano debe saber qué necesitan. Hay que tener en cuenta que cada perro tiene preferencias y necesidades particulares de actividad, las cuales también dependen de la raza, la edad y el estado de salud del perro.

¿Cuánta actividad necesita un perro para llevar una vida feliz y equilibrada? ¿Es posible mantener a un perro lo suficientemente ocupado?

El perro medio necesita al menos dos horas de ejercicio y actividad por día. Sin embargo, no se trata de hacer cualquier actividad al azar con él. Planifique las actividades en función de las necesidades específicas de vuestro perro. Es igualmente importante planificar los periodos de descanso para que el perro pueda relajarse y recuperarse. Siempre debe dormir varias horas por la mañana y por la tarde. Si su perro no puede relajarse por sí mismo, llévelo a una habitación tranquila donde esté expuesto a la menor cantidad de estímulos posible.

El perro moderno es diferente a los perros de antaño

En el pasado, los perros eran estimulados por los humanos para servir como mano de obra. El resto del día lo pasaban en una perrera o encadenados. El perro de hoy es un miembro de la familia y su horario es muy ajustado. Caminar, hacer ejercicio, entrenar durante los paseos y unas horas de bienestar entre medias son parte de sus actividades diarias. Pero no siempre hay que pensar en un programa de 24 horas para mantener al perro ocupado. Un paseo en el que se disfrute del tiempo juntos y juegos ocasionales dentro de casa también son valiosos para alentar a vuestra mascota.

Un perro moderno tiene que satisfacer muchas exigencias

En el mundo actual, los perros se enfrentan a retos diferentes a los del pasado. Deberían estar tan seguros en la ciudad entre la gente como en la naturaleza. Los niños no deben ser un problema. El perro debe jugar con ellos y también soportarlos cuando ya no puedan retirarse. ¿Guardar la casa y ladrar cuando se acercan extraños? Hoy ya no se desea. Sólo se debe saludar a los transeúntes de forma amistosa. Pero, por favor, sin ruido. Si es posible, el perro debe dominar su comportamiento de cachorro. Decente, limpio y sin grandes exigencias, pero siempre listo cuando se le pide: ese es el ideal del perro moderno.

Si su perro ya no puede satisfacer todas las exigencias, está sometido a un estrés constante. Si está exhausto y agotado al final del día, no puede simplemente retirarse a su cama y dormirse. La actividad tiende a ser estimulante. Su perro no encuentra el sueño y el descanso nocturno se esfuma. Así que el perro se apresura día a día, tratando siempre de complacer a su familia y de hacer frente a todas las exigencias. La relajación ya no es posible. Se ha creado un círculo vicioso del que no se puede salir.

¿Qué ocurre cuando la actividad es irregular?

Demasiados o muy pocos estímulos desencadenan estrés. En caso de estrés agudo, notará que el perro está nervioso, inquieto y defeca con mucha frecuencia. Si las condiciones no cambian, el estrés prolongado se vuelve crónico. El sistema inmunitario se debilita y el perro enferma con más frecuencia. Debido a la constante liberación de adrenalina y cortisol, el cuerpo del perro se encuentra en estado de emergencia. El tracto intestinal, los riñones y el corazón se ven afectados. Su perro se vuelve hiperactivo o se deprime. Los problemas de comportamiento se vuelven propensos y su agresividad aumenta.

Para evitar estas complicaciones es importante hallar un equilibrio entre actividad y descanso.

¿Cómo encontrar la actividad adecuada?

Observe qué juegos y actividades le gustan más a su perro. ¿Quiere aprender trucos, correr o hacer trabajos de nariz? Concéntrese en sus instintos y disfrute de la diversión que tenéis juntos. No fomente los comportamientos estereotipados, ofrezca siempre mucha variedad durante las actividades conjuntas.

El programa básico

Hay numerosas aficiones que disfrutan todos los perros indiferentemente de las preferencias particulares relacionadas con la raza. Los perros son depredadores y les encanta ir de caza. Olfatear, cazar, depredar, desgarrar y masticar son algunos de sus pasatiempos naturales.

Aficiones territoriales

Los perros recorren su territorio por naturaleza. Lo marcan con la orina y hacen que otros congéneres conozcan los límites del mismo mediante ladridos. Además, obtienen nueva información del espacio olfateando rastros de personas, animales y objetos.

En la ciudad, el perro suele explorar su entorno de forma limitada. Camina con correa y muchas veces ni siquiera tiene tiempo para olfatear. Un paseo no es un programa de entrenamiento estricto. Dé a su perro muchas oportunidades de percibir los olores de otros perros. Visite zonas nuevas que aún sean desconocidas para él.

También puede satisfacer las ganas de explorar de su perro dentro de casa. Deje que examine cajas u otros objetos que usted traiga del exterior.

Aficiones sociales

El contacto con las personas es una necesidad básica para los perros. Sin embargo, no puede sustituir completamente el contacto con otros perros. Por lo tanto, permita que su mascota haga amigos animales. Salga a pasear con otros dueños de perros. Los perros pueden olfatear uno al lado del otro.

Su perro le mostrará claramente qué perros le gustan y cuáles no. Nunca fuerce el contacto con él. Si el perro quiere retirarse porque está enfermo o necesita descansar, debe tenerlo en cuenta. En este caso, marque la correa o el arnés de pecho del perro con una cinta amarilla. Esto señala a otros dueños de perros: "Mi perro necesita distancia".

Programa de extensión

Algunos perros ya están ocupados con el programa básico. Otros necesitan más actividad. Para ellos, el adiestramiento cerebral, el trabajo con la nariz o los deportes caninos como el agility son muy adecuados. A la hora de elegir las actividades, considere la condición física de su perro y los requisitos específicos de su raza.

¿Qué requisitos tienen las distintas razas de perros para hacer ejercicio?

A algunos perros les gusta buscar, a otros les encantan los juegos de nariz, a otros les gusta hacer equilibrios o aprender diversos trucos. Algunas de las preferencias se basan en los genes.

Perros pastores

Los perros de pastoreo son muy inteligentes y están acostumbrados a trabajar. Son muy persistentes y necesitan poca energía para correr. Les gusta tomar sus propias decisiones y, a pesar de su estado de alerta, son relajados. Si los perros de pastoreo se mantienen en una casa privada, necesitan una atención y ejercicio especiales. Los deportes para perros, como el agility o el treibball, son muy adecuados para ellos. El entrenamiento cerebral y el entrenamiento con clicker ayudan a ejercitar la mente. Los largos paseos o la carrera junto a la bicicleta facilitan el ejercicio físico adecuado.

Si los perros pastores no hacen suficiente ejercicio, disipan su energía de otras maneras. Empiezan a perseguir su propia cola o a destruir cosas.

Perros de caza

A las razas familiarizadas con la caza les gusta trabajar con su nariz. Pueden distinguir múltiples marcas de olor con su sensible sentido del olfato. Debido a su elevado autocontrol, los perros de caza reaccionan con calma a los estímulos externos. Han aprendido a guardarse para sí mismos. Pero la situación cambia cuando entra en contacto con otros perros. Si no es un perro de caza en jauría, como el beagle, el perro se concentra en la presa. Suele encontrar molestos a otros perros que corren a su lado. Por lo tanto, el trabajo en grupo no es muy adecuado para la mayoría de ellos.

El trabajo de nariz, el mantrailing y la recuperación de presas son actividades ideales para los perros de caza. Los juegos de escondite, recuperación y búsqueda de comida también funcionan bien para estas razas y pueden jugarse tanto en el interior como en el exterior. Los perros de caza son independientes e inteligentes. Les gusta realizar juegos de ingenio y trabajar de forma autónoma para encontrar soluciones.

Perros guardianes

Los perros guardianes tienen un instinto de protección muy desarrollado. Defienden el hogar y su familia. A estos inteligentes perros les encantan los juegos de ingenio y de escondite. También les gusta participar en deportes caninos, por ejemplo, el agility. Si son razas grandes y pesadas, no deben superar obstáculos altos durante la práctica deportiva para no dañar sus articulaciones.

A los perros guardianes normalmente no les gustan los juegos de recuperar.

Perros de compañía

Los perros de compañía tienen una gran variedad de tamaños. Van desde perros de monedero, como los chihuahuas, hasta perros de tamaño medio, como el cocker. Este tipo de perros necesitan estar ocupados, por lo que los deportes caninos como el agility sin obstáculos altos o el flyball son buenas opciones para casi todos ellos. El entrenamiento con clicker y el entrenamiento cerebral también mantienen a los perros de compañía ocupados mentalmente.

Probad diferentes juegos juntos. Observad al perro mientras lo hace. ¿Se está divirtiendo o solo está participando en el juego porque le has ordenado hacerlo? Todas las razas de perros les gusta aprender y probar cosas nuevas. Los juegos de ingenio son ideales para ello. Basta con adaptar las condiciones externas de los juegos según la edad y la condición física de vuestro perro.

Perros con necesidades especiales

Los perros más viejos a menudo no pueden correr tan bien como antes debido a sus limitaciones físicas. Se agotan más rápidamente y ya no están tan interesados en los juegos de carrera salvajes como los perros jóvenes. Pero todavía les gusta jugar. Los juegos mentales los mantienen en forma.

Los perros con discapacidades disfrutan del juego tanto como los que no sufren limitaciones. Para incluirlos en la dinámica recreativa es importante adaptar los juegos a sus condiciones físicas.

Entender e interpretar el lenguaje corporal del perro

Los perros son muy comunicativos con otros perros y con las personas. Para ello, utilizan diferentes canales como:

- – Oralidad
- – Olfato
- – Lenguaje corporal

La oralidad de los perros

Esto incluye no solo diferentes maneras de ladrar, sino también gemidos, gruñidos, aullidos y chillidos. Los sonidos no tienen un solo significado exclusivo. Por ejemplo, hay diferentes variaciones de gruñidos. El gruñido puede sonar amenazante, o simplemente puede utilizarse durante el juego para expresar diversión y fuerza. Para poder interpretar correctamente cada uno de los sonidos debe prestar atención al lenguaje corporal del perro.

Lenguaje corporal

El lenguaje corporal de los perros tiene muchas facetas. Tanto la postura como las expresiones faciales influyen en la comunicación con otros animales, incluyendo los humanos. El perro utiliza la cola y las orejas para hacer gestos, mientras que el cuerpo se dobla o se estira para expresar ciertas emociones. A través de la observación minuciosa, usted puede interpretar exactamente cómo se siente su perro y saber cómo tratarlo en consecuencia.

Expresiones faciales y gestos

La postura corporal del perro se complementa con gestos y diferentes expresiones faciales. Si el perro está lejos de usted, utiliza su cola para comunicarse. Cuando está cerca, le hablará a través de la posición de sus orejas, su hocico y sus ojos.

Cambiar el tamaño del cuerpo

Si un perro reconoce su posición de inferioridad, se hace lo más pequeño posible. Pone su pelaje completamente contra el cuerpo. Las piernas se doblan. El perro se tumba en el suelo y deja la cola debajo del cuerpo. Si el perro se somete, se pone de espaldas y ofrece su garganta al atacante.

En cambio, los perros seguros de sí mismos se hacen tan grandes como sea posible para impresionar a su oponente. El pelo se ve erizado; las piernas, estiradas. Todos los músculos del cuerpo parecen tensos. La cabeza se erige hacia adelante. La cola se estira hacia atrás. Todo el aspecto del perro lo demuestra: "Soy grande y fuerte. No te acerques demasiado a mí".

La postura de la cabeza

Dependiendo del humor del canino, la cabeza baja hasta el suelo o la lleva en alto. Si la cabeza apunta directamente al adversario, el perro demuestra que no tiene miedo. Está preparado para la confrontación. Si la cabeza se gira hacia un lado, el perro desea apaciguar a su oponente. Mira hacia otro lado y se muestra como: "Soy inofensivo. No hay amenaza ni peligro para ti".

La posición de la cola

La cola es una señal de comunicación muy importante. Si el perro tiene miedo o se siente inseguro, mete la cola entre las patas traseras. Al acostarse, la cola se esconde bajo el cuerpo en los perros inseguros. Un perro relajado lleva la cola en su posición natural, hacia arriba, recto o hacia abajo. Cuando un perro está excitado, su cola se tensa y se estira fuertemente hacia arriba. Los perros de caza indican la detección de una presa levantando una pata y estirando la cola hacia atrás.

El meneo de la cola tiene diferentes significados. Un perro amistoso y relajado balanceará su cola suelta de derecha a izquierda. Si su perro está excitado, la cola se ve tensa, tiembla o se mueve rápidamente hacia cualquier lado.

No todos los meneos son amistosos ni una alegre invitación a acercarse. Preste siempre atención a las demás señales corporales para interpretar correctamente el estado de ánimo del perro. La amputación de la cola priva al perro de un importante medio para comunicarse con sus congéneres.

Los ojos

Los ojos son una parte importante de la expresión facial canina. Normalmente un perro no mira directo a los ojos de su congénere. Una mirada fija dirigida al adversario es una indicación de que el ataque es inaplazable . Si su perro desvía la mirada, está apaciguando a su oponente.

El tamaño de las pupilas también es importante para el lenguaje corporal. En un perro amistoso y cariñoso, las pupilas están dilatadas. Si el perro está enfadado, sus pupilas parecen contraídas. Poco antes de un ataque, solo pueden verse como finas rendijas. Los perros relajados tienen las cuencas de los ojos muy abiertas. Durante la siesta, los párpados pueden estar semicerrados, pues el perro observa muy atentamente su entorno para reconocer a tiempo el peligro cercano . Poco antes de un enfrentamiento, los párpados también se tensan.

31

El bozal

Los labios, las comisuras de la boca y los dientes también son usados para comunicarse. En un perro relajado, todos los músculos de la cara están relajados y la boca está cerrada. Los perros inseguros y nerviosos echan las comisuras de los labios hacia atrás, mientras que su hocico permanece cerrado. Si se quiere amenazar al adversario, el perro tira las comisuras de la boca aún más hacia atrás. El hocico se abre ligeramente para que los dientes sean visibles. Si no hay reacción por parte del adversario, la amenaza se hace más fuerte. La boca se abre, los dientes son claramente visibles.

Si su perro se siente seguro y relajado, levanta un poco el labio superior. Los labios se ven relajados. Los dientes caninos se hacen visibles. En un perro emocionado, las comisuras de la boca están ligeramente retraídas. El hocico está abierto y los dientes son parcialmente visibles. A veces toda la nariz del perro se arruga en pequeños pliegues cuando se divierte.

Las orejas

Las orejas tienen buena movilidad gracias a los músculos. Los perros con orejas colgantes pueden moverlas tanto como los perros con orejas paradas. Sin embargo, la comunicación es menos clara. Algunos perros tienen orejas pegadas, un poco inclinadas hacia adelante. Si están inquietos, echarán las orejas hacia atrás. Justo antes de un ataque, las orejas están totalmente hacia atrás para que no se lesionen en una pelea.

El lenguaje corporal y la convivencia con otros

Dentro de un grupo de perros, el lenguaje corporal se utiliza para relacionarse entre sí, pero también para evitar peleas y agresiones. Mediante gestos y ademanes amenazantes, el perro de mayor rango demuestra su superioridad. Mientras, los perros inferiores se someten de manera simbólica con su postura.

Las señales de calma son de especial importancia para demostrar al otro perro que no tiene intenciones de agredirlo. Además, ayudan a los humanos a reconocer inmediatamente cuándo el perro no se siente bien durante el adiestramiento o el entrenamiento cerebral. Un perro está en calma cuando su cabeza está hacia un lado, si bosteza con el hocico muy abierto o si se lame los labios.

Algunas razas de perros tienen problemas de lenguaje corporal

Algunas razas de perros tienen problemas para utilizar un lenguaje corporal normal debido a sus condiciones físicas. Los cráneos de los perros que se han acortado a través de la cría ya no permiten las expresiones faciales normales. Las orejas extremadamente largas, como las del Basset

Hound, impiden la expresión de los estados de ánimo. Hoy en día, cortar la cola y las orejas está prohibido en la mayoría de los países para no restringir la capacidad de comunicación de los perros.

¿Cómo comunicarse con el perro?

Cuando juguéis con vuestro perro, prestad mucha atención a las señales que éste envía. El lenguaje corporal es una buena manera de saber si el perro está disfrutando del ejercicio o si se siente inseguro y abrumado. Pruebe diferentes ejercicios cerebrales. Descubrirá rápidamente lo que le gusta hacer durante el entrenamiento.

Las reglas básicas para jugar juntos

Jugar reduce el estrés y prepara al perro para la vida social en grupo. El animal prueba diferentes comportamientos de forma lúdica, lo que incrementa la actividad del cerebro. Además, jugar es divertido para los perros. Es importante que se sigan reglas con precisión para que el perro reaccione como debe. Solo entonces es pura calidad de vida. Incluso en una manada de perros, los juegos se desarrollan de acuerdo con reglas predefinidas.

Si el perro se siente sobrecargado, hay que interrumpir el juego de inmediato. Algunos perros no se dan cuenta de que están demasiado cansados, sobre todo en los juegos de pelota donde ésta se lanza una y otra vez. El perro reacciona automáticamente y corre tras ella para atrapar y recuperarla, incluso si ya está agotado. Por eso estos juegos pueden llegar a ser problemáticos y su dueño debe intervenir a tiempo.

El uso de juguetes para perros con o sin chirridos es una cuestión de gustos. En el caso de los perros hiperactivos o nerviosos, no se recomienda el uso de un chirriador, ya que los puede agobiar y en algunos perros puede influir en la inhibición natural de la mordida.

Qué debemos tomar en consideración cuando jugamos

No obligue a su perro a jugar. Siempre espere a que esté preparado. Si el perro indica con sus ladridos que el juego le está causando estrés, haga una pausa para que se recupere. Durante el juego, cada pareja de jugadores debe ser amistosa entre sí. Confíe en la cooperación voluntaria del perro.

Importante: los juegos con mucho movimiento no deben tener lugar inmediatamente después de comer. El perro debe hacer la digestión y volver a suministrar energía al cuerpo antes de cualquier actividad física importante. En las razas de perros grandes, el estómago está unido a largos ligamentos. Un estómago lleno puede girar rápidamente con algunos movimientos, lo cual puede convertirse en una emergencia médica que requiere intervención quirúrgica.

¿Cuáles son los beneficios del juego?

- Los juegos de escondite son divertidos y proporcionan una sensación de logro.
- La búsqueda de alimentos mantiene la nariz y el cerebro ocupados.
- Jugar a buscar la pelota genera confianza.
- Jugar y bailar junto con el dueño profundiza el vínculo entre el humano y su perro.
- Los juegos mejoran el control de los impulsos innatos del animal.

¿Cuál es la forma correcta de jugar con un cachorro?

Los cachorros exploran un nuevo entorno de forma lúdica y aventurera. Se les puede apoyar en esto con juegos. Fije una hora para el comienzo y el final de la recreación. No acepte todas las invitaciones a jugar del cachorro. Más adelante, cuando sea adulto debe aceptar que su dueño no siempre tiene tiempo para él. Los cachorros no pueden concentrarse durante un largo periodo. Por lo tanto, interrumpa el juego después de unos minutos para descansar. El cachorro puede aprovechar el descanso para procesar sus experiencias durante el juego.

Si los juguetes están disponibles todo el tiempo, entonces el perro se aburrirá rápidamente. Guarde el juguete de vez en cuando para que siga siendo interesante para su mascota.

No juegue con los zapatos, calcetines o piezas de ropa. Su perro los verá como juguetes más adelante y los utilizará para distraerse cuando esté solo.

¿Quiere dar a su cachorro un estímulo especial? Entonces empiece el adiestramiento con clicker desde ya para enseñarle varios trucos. Esto favorece el desarrollo mental del cachorro.

La voz durante el juego

Los perros son muy empáticos. Pueden percibir con precisión el estado emocional del propietario a través de un sexto sentido. Los amigos de cuatro patas también reaccionan intensamente a las diferencias en la intención vocal. El perro puede distinguir con exactitud si le están dando una orden, si su humano está enfadado o si está jugando con él.

Una voz profunda y fuerte no es apropiada durante el juego. Al fin y al cabo, su perro debe divertirse y no tener la sensación de estar haciendo algo malo.

Hable suavemente en un tono de voz normal durante el juego. Solo levante la voz para alabar las acciones de su mascota. Su perro tiene un oído muy sensible y puede percibir los sonidos mucho mejor que los humanos.

Comandos que puede utilizar durante el ejercicio cerebral

Si desea enseñar a su perro diferentes trucos, piense cuidadosamente de antemano qué palabras asociar con las acciones correspondientes. Además, se necesita una señal con la que se pueda interrumpir el juego de inmediato.

La señal de marcador

Los perros y los humanos tienen un lenguaje muy diferente. Para evitar grandes malentendidos, utilice una señal de marcador. Éste es un puente entre usted y el perro. Cuando suena la señal, ambas partes saben siempre lo que se quiere decir.

La señal de marcador puede ser una palabra, un sonido o un toque. Lo ideal es utilizar una palabra para jugar que no pueda malinterpretarse porque nunca se usa en otro contexto. Por ejemplo, "busca", "clic" o "arriba". De esta forma, el perro puede memorizarla bien y reaccionar siempre con rapidez. La señal del marcador no interrumpe la concentración durante el entrenamiento.

El condicionamiento a la señal del marcador se hace de la misma manera que con un clicker. El perro se acostumbra a la señal con recompensas de comida. Una señal marcadora siempre actúa como un reforzador. El perro oye la señal y sabe que recibirá una recompensa. Por eso no debe cambiarse ni nunca privar al perro del premio. De lo contrario, el éxito del adiestramiento podría comprometerse si el perro pierde la confianza en su humano.

La señal „nudge" (saluda)

La señal „nudge" (o "saluda" en castellano) se puede usar en muchas situaciones de la vida cotidiana para incitar a su perro a tocar la palma de su mano.

¿Cómo se enseña? Extienda la palma de la mano al perro en cuanto se acerque a usted. El animal es curioso por naturaleza. Por lo tanto, investigará la mano con su nariz. En cuanto el perro toque la mano, obsequie una recompensa con la diestra. Si ya está usando un clicker para entrenar a su mascota, puede usarlo para indicarle que ha ganado una recompensa.

Al cabo de unos días, amplíe el ejercicio. Camine unos pasos y atraiga la atención del perro hacia su mano moviéndola. El perro correrá hacia usted y tocará la mano con su nariz para obtener la recompensa. A continuación, puede empezar a enlazar el comando de palabras con la acción. Cada vez

que la nariz del perro toque la mano, diga „nudge"
o "saluda". Nunca intercambie la palabra una por
otra mientras el perro aprende la señal ni cuando
memorice el término.

La señal „nudge" puede servir para acostumbrar al
perro a la correa. En caso de que esté ansioso por
tocar la mano con el hocico, siempre se quedará
a vuestro lado y no correrá por su cuenta.

Si su perro está nervioso o no tolera la palma de la
mano cerca de él, use uno o dos dedos en vez de
la palma. Así, su perro no se sentirá amenazado
por el tamaño de la mano y estará encantado de
participar en el adiestramiento.

La señal „touch" (toca)

La señal „touch" (o "toca" en castellano) es una
extensión de „nudge". Ahora el perro debe tocar
la mano con su pata. A diferencia de la señal
„nudge", el toque solo debe hacerse cuando se
solicite.

Extienda la palma de la mano al perro. Al principio
ofrezca una recompensa cuando toque la mano
con la nariz. Ahora descanse la mano en el suelo y
espere a que el perro toque la palma con su pata.
En cuanto acerque la pata a su mano, brinde una
recompensa. Después de un tiempo, recompense
al perro solo cuando ponga la pata en la mano.
Diga „touch" o "toca" cada vez que lo toque. No se
recomienda intercalar la palabra, por lo que debe
decidir entre el término en inglés o el castellano.

Ahora viene el siguiente paso de la formación. Mantenga la mano en el aire y gire la palma hacia el perro. Solo dé una recompensa cuando el perro levante la pata y toque la palma con la pata a la señal.

La señal „pull" (tira)

La señal „pull" (o "tira" en castellano) es un complemento de los complejos ejercicios con clicker. Sostenga una cuerda en la mano. Espere a que el perro toque la cuerda con el hocico. Premie el toque con una golosina o un clic. Si el perro toca la cuerda automáticamente, deje de premiarlo después de un tiempo. En cuanto coja la cuerda entre los dientes, volverá a recibir una recompensa. Después de varios ejercicios, pruebe a tirar un poco de la cuerda. Si su perro continúa sujetándola, habrá aprendido el truco. Ahora es posible relacionar el ejercicio con la palabra "pull" o „tira". Es esencial que escoja solo un término para la señal. De lo contrario, podría confundir a su mascota.

La señal „pull" se puede utilizar para enseñar al perro a abrir las puertas para buscar y recuperar objetos.

La señal „take" (toma)

La señal "take" (o „toma" en castellano) es important-
ante para practicar el control de los impulsos.
Tenga una golosina en la mano. Muestre al perro
la mano abierta con la golosina. ¿Se precipita
inmediatamente hacia ella? Cierre los dedos para
que el perro no pueda sacar la golosina. Su perro
se dará cuenta de que la impaciencia no le llevará
a ninguna parte. En cuanto espere, aunque sea
por poco tiempo, diga „take" o "toma" y ofrezca
la golosina. Después de unos cuantos ejercicios,
alargue el periodo en el que muestra a su amigo
de cuatro patas la golosina. Entrenen juntos hasta
que el perro espere con paciencia la orden "take"
o „toma".

¿Quiere ir un paso más allá? Deposite la golosina
en la nariz del perro. Solo tras decir la orden "take"
o „toma" el perro puede lanzar la golosina al aire
o dejarla caer al suelo para comerla.

La señal „bring" (trae)

"Bring" (o „trae" en castellano) es una señal
importante para los juegos de recuperación de
objetos. Su perro debe traer una bolsa de comida
llena de golosinas. Los primeros ejercicios se realizan con una correa larga. Deje que el perro olfatee
la bolsa de comida. Ahora arrójela y diga "bring" o
„trae". Su perro correrá hacia la bolsa y la tomará
entre sus dientes al querer sacar las golosinas.
Ahora tire suavemente de la correa para que el

perro vuelva. Premie a su perro con un clic si tiene un clicker. También puede abrir la bolsa y obsequiar una golosina a su mascota.

Para hacer el ejercicio más difícil, arroje la bolsa un poco más lejos cada vez. ¿Su perro domina perfectamente el ejercicio? De ser así, ya puede empezar a entrenar sin correa. Asegúrese al principio de lanzar la bolsa de comida a un brazo de distancia. Con el tiempo podrá lanzar la bolsa cada vez más lejos.

Con este ejercicio el perro entrena sus músculos. También refuerza el control de los impulsos, ya que no se le permite abrir la bolsa inmediatamente, sino que tiene que esperar.

¿Por qué son importantes las señales?

En la vida cotidiana pueden surgir situaciones desagradables y estresantes en las que el perro necesita la ayuda de su humano para escoger una solución. Para ello se acude a una señal de marcador.

Un buen ejemplo de ello son los encuentros con otros perros donde vuestra mascota no tiene suficiente espacio para apartarse. Si ambos animales se están preparando para un enfrentamiento, el mayor error sería apretar la correa de repente y gritar. Llamad la atención de su perro con la señal de marcado sin perder la calma. La recompensa que espera es más interesante que el otro perro. Y así el estrés ya se ha disipado. Habéis pasado al otro perro sin problemas.

El juego debe estar siempre asociado a una recompensa

La sensación de logro es importante para el aprendizaje. Incluso mientras juega su perro debe sentirse exitoso. Para que el perro se dé cuenta de que pensar y accionar es algo agradable que le beneficia, debe recibir una recompensa. Hay algunos juegos que se autorecompensan, como los juegos de búsqueda de alimento en los tocones de los árboles o entre los montones de ramas. El perro busca la comida. Si le encuentra, puede comer la comida. Se ha recompensado a sí mismo por el éxito de la búsqueda. Su perro siempre debe recibir la recompensa directamente de usted. Es la única manera de reforzar constantemente el vínculo entre humano y mascota.

¿Cuáles son las diferentes formas de recompensa?

Recompensar al perro puede hacerse de diversas maneras. Depende principalmente de las preferencias de él. La recompensa refuerza el comportamiento deseado de su perro, pues aprende a través del éxito. Algunas formas de recompensar a su mascota son:

- Trucos
- Caricias
- Cepillado
- Juegos
- Permiso para husmear
- Palabras de elogio como "bien", "súper" o "guay"
- Contacto con otro perro
- Su juguete favorito
- Pausa (simplemente se le permite ser un perro)
- Natación

Tendrá que averiguar por ensayo y error qué forma de recompensa prefiere su perro. Durante el adiestramiento se dará cuenta rápidamente de qué premio le motiva más.

Al final de la formación siempre debería haber un bote. Ahora el perro recibe una súper golosina o un puñado de golosinas de recompensa. También es posible una sesión de mimos más larga. El premio gordo nunca debe ser condicional. Independientemente del éxito que haya tenido su perro en el adiestramiento, recibirá la recompensa al final. Con eso entiende que ya no tiene que concentrarse y que ha llegado el momento de la relajación.

6.6.2 No utilice el castigo para entrenar

Durante el ejercicio cerebral, el perro no debe ser castigado. No importa si todavía no domina un ejercicio o si ha hecho algo mal. Los castigos suelen ser frustrantes y solo consiguen que el perro no quiera participar. ¿Por qué iba a intentar algo cuando existe la amenaza de una consecuencia desagradable? Es suficiente si no se da una recompensa cuando no se realiza una acción de forma adecuada.

No se muestre decepcionado ante su perro. Lo percibirá inmediatamente y pensará que ha hecho algo malo. Paciencia. Obsequie a su perro el tiempo que necesita para su adiestramiento.

Los juegos y sus diversas formas de uso en interiores y exteriores

Juegue con su perro en cualquier lugar. Ya sea en el interior o en el exterior, hay juegos adecuados para cada situación.

Juegos de búsqueda y olfateo

Los juegos de búsqueda y olfateo desarrollan el olfato del perro y su capacidad de pensar.

Juegos de búsqueda y olfateo en interiores

Si hace mal tiempo, puede organizar interesantes juegos de búsqueda en el interior de su casa o piso. Su perro estará ocupado, no se aburrirá. Al encontrar el objeto, tendrá una sensación de logro. Además, recibirá una recompensa.

Caja mágica

Nivel de dificultad: fácil

Equipo: caja, papel arrugado, golosinas o juguetes

Tiempo necesario: 20 minutos

No tire las cajas viejas. Utilícelos para crear juegos interesantes con su perro. Llene la caja con papel arrugado. Esconda algunas golosinas entre el papel. Asegúrese de que su perro no pueda observarle mientras lo hace. Coloque solo unos pocos papeles en la caja mágica. Muéstrele al perro la caja y pídale que busque las golosinas. Su mascota tiene que escarbar entre las pelotas de papel y esforzarse por coger las golosinas con la lengua o los dientes.

Para los perros avanzados, llene la caja mágica completamente con papel. En lugar de esconder un gran número de golosinas, esconda solo una o dos envolviéndolas en el papel. Su perro tendrá que esforzarse mucho más para encontrar la recompensa.

Bajo el agua

Nivel de dificultad: difícil

Equipo: caja de plástico, galletas para perros

Tiempo necesario: 10 minutos

Los perros son capaces de seguir los rastros de olor incluso bajo el agua. Llene un cuenco de plástico opaco con agua y deposite algunas golosinas en él. Coloque el cuenco delante de su perro. Éste olerá las golosinas e intentará pescarlas.

Juego de la copa

Nivel de dificultad: medio

Equipo: taza de yogur o de fruta enana, golosinas

Tiempo necesario: 10 minutos

Dele la vuelta a las tazas y ordénelas como quiera. Esconda una golosina debajo de una taza. Llame a su perro. Deje que huela bien las tazas. Cuando encuentre la taza correcta, recibirá la golosina. Para aumentar el nivel de dificultad puede combinar el ejercicio con el entrenamiento con clicker. Deje una taza en el suelo. Si el perro toca la taza con el hocico, haga clic. Después de varias repeticiones, solo haga clic cuando su perro vuelque la taza. Ahora esconda una golosina debajo de la taza. Si el perro vuelca la taza, haga clic. Puede que se coma la golosina. Ahora vuelva a levantar varias tazas y esconda una golosina en una de ellas. Su perro tiene que descubrir con su olfato qué taza esconde la golosina. Si tira la taza correcta, haga clic. Las tazas no siempre tienen que estar en línea recta.

Usted puede formar círculos o levantar algunas de ellas para despistar a su mascota. Esto cambia la dinámica del juego y entretiene a su perro.

Hora del té

Nivel de dificultad: medio a difícil

Equipo: bolsas de té, caja pequeña, paños

Tiempo necesario: de 10 a 20 minutos

Los olores diferentes son siempre interesantes para su perro. ¿Ha probado dejarle oler una bolsa de té? Elija un tipo de té que huela bien y que no perjudique el olfato del perro. El té de manzanilla o el té con lavanda y pétalos de rosa son muy adecuados.

Primero dé a su perro la oportunidad de conocer el olor del té. Coja la bolsa de té con la mano en dirección al perro. Seguro que a éste le picará la curiosidad y olfateará la bolsa. Ahora deposite la bolsa de té abierta en el suelo a cierta distancia. Si el perro se acerca a la bolsa de té y la olfatea, elógielo.

Ahora hagamos el ejercicio un poco más difícil. Mande al perro fuera de la habitación. Deje la bolsa de té en el suelo y cúbrala con un paño. Llame a su perro y pídale que busque el té. Su mascota debe confiar totalmente en su nariz, pues ya no puede ver el té. Si toca la tela con el hocico, recibe una recompensa. Retire el paño y deje que el perro olfatee la bolsa de té. Alábelo. En el siguiente ejercicio debe quitar la tela él mismo con la pata o los dientes. Si la bolsa de té está abierta, el perro es recompensado.

Aumentemos el nivel de dificultad aún más. La bolsa de té se guarda en una pequeña caja escondida detrás de un mueble. La fina nariz del perro seguirá oliendo el té. Ahora solo tiene que averiguar dónde está escondida la bolsa. Seguirá el olor del té y rastreará la caja. Ahora abra la caja y muéstrele a su perro la bolsa de té. Dele una recompensa.

Lección de lectura

Nivel de dificultad: medio a difícil

Equipo: libro o revista viejo, galletas para perros

Tiempo necesario: 10 minutos

Deje un libro o una revista en el suelo. Esconda galletas para perros entre las páginas. Su perro sentirá curiosidad por acercarse al libro y olerá el delicioso aroma de las galletas. Deje que el perro explore el libro con el hocico y la lengua hasta que encuentre las golosinas. Solo entonces podrá comerlas como recompensa.

Para aumentar la dificultad deje el libro sobre un mueble bajo. De esa manera, el perro solo podrá alcanzarlo si se pone de pie sobre sus patas traseras.

¿Dónde estoy?

Nivel de dificultad: medio

Equipo: galletas para perros, piezas de mobiliario

Tiempo necesario: de 10 a 20 minutos

Juegue al escondite con su perro. Mándelo fuera de la habitación y escóndase detrás del sofá. Ahora llame a su mascota. Al principio estará confundido. Acaba de escuchar su voz, pero sigue sin poder verle. Vuelva a llamar a su perro hasta que le vea.

Para añadir variedad al juego, escóndase detrás de la cortina o un mueble. Si desea aumentar el nivel de dificultad, escóndase en otra habitación. Su perro le encontrará después de buscarlo. Premie siempre a su perro cuando le haya encontrado.

La manta olfativa

Nivel de dificultad: medio

Equipo: manta para olfatear, golosinas

Tiempo necesario: 10 minutos

Una manta olfativa es ideal para los juegos de olfato en interiores. Puede comprarla en una tienda o hacerla usted mismo. Consiste en una rejilla de plástico sólido en la que se anudan tiras de vellón de diferentes longitudes por los agujeros. Para facilitarle la tarea a su perro, las tiras deben estar anudadas individualmente, unas más fuertes que otras. Ubique la manta para olfatear en el suelo y esconda algunas golosinas en ella. Ahora dele la manta a su perro. Inmediatamente escarbará entre las tiras con su nariz para encontrar las golosinas. Tendrá que usar toda su destreza para sacarlas del escondite y comerlas.

Explorador de cuevas

Nivel de dificultad: medio

Equipo: mantas, muebles, galletas para perros

Tiempo necesario: de 10 a 15 minutos

Construya un túnel usando la mesa y algunos sillones como soporte de las mantas. Muéstrele a su perro el túnel y deje que corra por él. Ahora esconda una galleta para perros en una esquina del túnel. Llame al canino y pídale que busque la galleta. Cuanto más retorcido sea el túnel, más difícil será el ejercicio para él. Incluya callejones sin salida para que a veces su mascota tenga que arrastrarse hacia atrás.

¿Dónde está mi juguete?

Nivel de dificultad: medio a difícil

Equipo: manta, juguete para perros

Tiempo necesario: 10 minutos

Extienda una manta en el suelo y deje una pelota. Pida a su perro que traiga la pelota. Si completa la tarea, recibe la recompensa. Ahora el juego se vuelve más difícil. Deje dos juguetes diferentes en la manta. Pida al perro que traiga la pelota. Ahora debe asignar un nombre al juguete y elegir el correcto. Cada carrera termina con una recompensa. Cuantos más juguetes haya en la manta, más difícil será el juego de búsqueda. Los perros pueden distinguir hasta 20 juguetes diferentes y recordar el nombre de cada uno de ellos.

El juego de búsqueda es muy apropiado para mantener a su perro mentalmente en forma y con vitalidad.

Juegos de búsqueda y olfateo en exteriores

Si el tiempo mejora, puede trasladar los juegos de búsqueda y olfateo al exterior. Un juego de olfato no significa que su perro olfatee al azar y busque pistas sin un plan. El objetivo a encontrar se define con precisión antes de empezar la búsqueda. El simple hecho de olfatear puede servir de relajación entre sesiones de entrenamiento.

Golosinas entre leña

Nivel de dificultad: medio

Equipo: ramas de diferentes longitudes y grosores, golosinas (puede usar trozos de salchicha o queso)

Tiempo necesario: de 10 a 20 minutos

Apile las ramas y acúñelas para que no puedan ser apartadas fácilmente. Esconda trozos de salchicha entre las ramas. Ahora deje que su perro busque los trozos de salchicha. Podrá alcanzar algunos con el hocico y sacarlos con la lengua. Pero para otras piezas mejor escondidas tendrá que quitar algunas ramas con los dientes. Deje que el perro trabaje en paz. Debe reconocer el problema por sí mismo y luego hallar una solución. Este juego no solo desarrolla el olfato del perro, sino también su capacidad de pensar.

Escondidas

Nivel de dificultad: difícil

Equipo: golosinas, bolsas de té

Tiempo necesario: de 10 a 20 minutos

Los paseos permiten encontrar buenos escondites para juguetes y golosinas en un juego. Los agujeros de las ramas que están a la altura del perro son particularmente interesantes. Deje que su perro olfatee una bolsa de té. Esconda la bolsa en la hierba y pida a su perro que la busque. Si encuentra la bolsa, recibe una recompensa. Ahora esconda la bolsa de té en un agujero afuera. Asegúrese de que su perro no pueda verle mientras lo hace. Pídale que busque la bolsa de té. Si la encuentra, recibe una recompensa.

La cena está servida

Nivel de dificultad: difícil

Equipo: golosinas varias, juguetes

Tiempo necesario: 15 minutos

Ordene varios juguetes para perros en un tronco de árbol con una golosina en medio. Deje que su perro busque un juguete específico. Si lo trae sin comerse la golosina, recibe una recompensa.

Encuentra la pista

Nivel de dificultad: difícil

Equipo: té, juguetes, golosinas

Tiempo necesario: de 10 a 20 minutos

Para que la búsqueda sea más emocionante para su perro, deje un rastro de olor largo antes de la recompensa. Esparce migas de té por la hierba, a través de los arbustos o alrededor de los árboles. Deje la recompensa al final de la pista. Deje que su perro olfatee el té al principio del sendero. Anímele a seguir el rastro. Una vez que su perro haya captado el olor, todo lo que tiene que hacer es seguirlo. La recompensa le espera al final del camino.

Ahora aumentemos el nivel de dificultad para los profesionales del rastreo. Al trazar la pista, deje rastro de otros aromas atractivos que se alejen de la pista. Dé a su perro suficiente tiempo durante la búsqueda. ¿Su perro se distrae y se extravía? Si está muy perdido, llévele de vuelta a la pista original dándole la oportunidad de volver a oler el té.

Perro buceador

Nivel de dificultad: medio a difícil

Equipo: galletas para perros, piedras, ramas pequeñas

Tiempo necesario: de 5 a 10 minutos

Los juegos de búsqueda bajo el agua son especialmente divertidos. Si hay un arroyo limpio cerca de casa, puede jugar a buscar bajo el agua con su mascota. Asegúrese de que no hay algas en la zona. Algunas pueden causar intoxicación a su perro.

Construya un pequeño muro de piedras o ramas pequeñas. Esconda galletas para perros en el agua en este lugar. Ahora deje que su perro busque las galletas en el agua.

¿Qué se esconde ahí?

Nivel de dificultad: difícil

Equipo: caja, cuerda, telas, galletas para perros

Tiempo necesario: 15 minutos

Haga un agujero a un lado de la caja. Ate algunas telas a la cuerda. Esconda la galleta para perros en una de las telas como si fuese una bolsa. Deje parte de la cuerda colgando del agujero y esconda la caja detrás de un arbusto o árbol. Deje que su perro busque la golosina. Una vez que haya encontrado la caja, primero debe averiguar cómo sacar la galleta para perros de la caja. Si su perro tiene problemas la primera vez, ayúdelo. Enséñele la cuerda. Elógiele cuando la coja entre los dientes y tire de ella. Deje que el perro saque la cuerda completamente de la caja. Ahora tiene que encontrar la bolsa con la galleta para perros dentro. Cuando la haya encontrado, abra la bolsa y dele la recompensa.

¿Qué es lo que cuelga de ahí?

Nivel de dificultad: medio

Equipo: ramas, calcetines, galletas para perros

Tiempo necesario: de 5 a 15 minutos

Esconda galletas para perros en calcetines viejos y anúdelos. Ahora cuelgue los calcetines en las ramas de un arbusto o árbol pequeño a diferentes alturas. Rete a su perro a buscar las galletas. Su perro olerá rápidamente las golosinas. Pero ahora tiene que encontrar la manera de llegar a la recompensa. Saltando, intentará alcanzar los calcetines y arrancarlos de las ramas.

Atención: este juego no es apto para perros jóvenes ni para perros mayores, ya que los saltos suponen un gran esfuerzo para las articulaciones.

Juego de la botella

Nivel de dificultad: difícil

Equipo: pala, galletas para perros

Tiempo necesario: de 15 a 20 minutos

Los perros también pueden detectar los olores cuando la presa está enterrada en el suelo. Cave un agujero poco profundo con la pala. Plante las galletas en el agujero. Aléjese unos pasos del escondite. Ahora deje que su perro busque su presa. En cuanto haya encontrado las galletas en el suelo, intentará desenterrarlas con sus patas. Cuando lo haya hecho, obtendrá su recompensa.

Mantrailing

Nivel de dificultad: medio

Equipo: correa larga, ropa vieja y desgastada, golosinas

Tiempo necesario: de 10 a 20 minutos

Para este juego de búsqueda hay que contar con dos personas. Deje al perro con su acompañante. Lo mejor es asegurar al perro con una correa larga para que pueda olfatear con tranquilidad. Ahora aléjese y busque un escondite detrás de un árbol o una roca. Su compañero le seguirá con el perro después de unos minutos. Se permite que el perro huela una prenda de vestir usada y se le diga que la busque. Una vez que haya captado el olor, su nariz le llevará directamente a su escondite. Cuando su perro le haya encontrado, debe premiarle de inmediato y saludarle efusivamente.

Juegos de caza y presa

El objetivo de estos juegos es un muñeco, una pelota u otro objeto que se convierte en la presa del perro. La caza de la presa puede dejarse en manos del perro o llevarse a cabo conjuntamente.

Juegos de caza y presa en interiores

Por supuesto, los juegos de caza y presa pueden hacerse mejor al aire libre. Pero algunos de estos juegos también son posibles en el interior.

Encontrad la presa y traedla

Nivel de dificultad: medio

Equipo: juguete, golosinas

Tiempo necesario: 10 minutos

Muéstrele al perro el juguete que será la presa. Mándelo fuera de la habitación y esconda la presa bajo un sillón. Llame al perro a la habitación y pídale que busque la presa y la recupere. Si ha traído el juguete, se le recompensa inmediatamente con un clic o una golosina. Este juego es una mezcla de juego de búsqueda y juego de presa.

Trae la pelota

Nivel de dificultad: fácil

Equipo: bola de tela

Tiempo necesario: de 5 a 10 minutos

Los lanzamientos largos con una pelota no son posibles en interiores. Pero puedes lanzar la pelota a corta distancia. Atraiga la atención de su perro hacia la bola agitándola. Luego láncela en dirección al perro. Atrapará la bola y la traerá. En este juego siempre debe cerciorarse de que el perro no se muestre hiperactivo ni nervioso. De ser así, interrumpa el juego y haga una pausa larga. Así su perro puede relajarse y volver a una vida de actividad normal.

Espera a la presa

Nivel de dificultad: difícil

Equipo: chupete, golosinas

Tiempo necesario: 10 minutos

En este juego se entrenan varias cosas a la vez. Se fomenta el control de los impulsos. El perro debe recuperar la presa ("bring" o „trae") y dársela a usted.

Muéstrele a su perro el chupete y deje que lo olfatee. A continuación, deje el chupete en el suelo a cierta distancia. Su perro debe sentarse tranquilamente a su lado durante este tiempo. Solo cuando le dé la orden "bring" o „trae" podrá correr hacia la presa y cogerla. Solo recibe la recompensa cuando le ha dado la presa sin resistencia a la orden.

Juegos de caza y presa en exteriores

Los juegos de caza y presa se pueden realizar en cualquier paseo. Asegúrese de que no haya otros perros en las inmediaciones para que no haya peleas por la presa.

Carrera en triángulo

Nivel de dificultad: difícil

Equipo: muñeco

Tiempo necesario: 5 minutos

Deje el muñeco en el suelo a dos metros de su perro. No se posicione directamente al lado del perro, mantenga una distancia de uno a dos metros. Pida a su perro que camine hacia el muñeco. Allí debe realizar una sentada antes de que se le permita recoger la presa. Ahora llame al perro hacia usted para que le entregue la presa.

Para este ejercicio, el perro necesita controlar mucho sus impulsos. Debe dominar las órdenes básicas „Stay" (quédate), „Sit" (siéntate), „Bring" (trae) y „Give" (da).

La presa debe esperar

Nivel de dificultad: medio
Equipo: muñeco
Tiempo necesario: 5 minutos

Muéstrele al perro el muñeco y láncelo a unos metros de distancia. El perro no debe salir corriendo de inmediato, sino permanecer a su lado durante algún tiempo. Acérquese poco a poco a la presa. El perro solo puede correr hacia el muñeco y traerlo cuando usted le ordene explícitamente que lo traiga. Con este ejercicio se refuerza el control de los impulsos y la obediencia básica del perro.

Presas en el agua

Nivel de dificultad: medio
Equipo: juguetes para nadar, golosinas
Tiempo necesario: de 5 a 10 minutos

Puede jugar a este juego en una playa de baño para perros o en un estanque donde los perros puedan bañarse. Su perro debe sentarse a su lado. Enséñele el juguete para nadar y luego láncelo al agua. Ahora el perro recibe la orden de recuperar el juguete del agua y traerlo de vuelta. Lance el juguete al agua solo dos o tres veces. Luego, tómese un descanso largo. Al nadar y agarrar el juguete, el perro traga agua. Si se juega con él durante mucho tiempo, absorberá demasiada agua y podrá enfermarse.

Cacemos juntos

Nivel de dificultad: medio

Equipo: muñeco

Tiempo necesario: de 5 a 10 minutos

Los perros son animales de manada. Buscan juntos la presa y cazan juntos. En este juego, usted es el compañero de caza del perro. Enséñele el muñeco y láncelo a cierta distancia. Ahora acérquese a la presa junto con el perro. Mientras lo hace, adopte una postura agachada e incline la parte superior del cuerpo hacia delante. Puede aumentar la excitación del perro aún más susurrando con entusiasmo. Ahora rodead la presa juntos. Acercaos al muñeco y dele la orden de parar. Haga que el perro retroceda unos pasos. Entonces acercaos de nuevo. Solo así su perro puede abalanzarse sobre el muñeco y derribar la presa con éxito. El juego fomenta el control de los impulsos. Cazar juntos refuerza el vínculo entre usted y el perro.

Jugando con la caña de pescar

Nivel de dificultad: fácil

Equipo: varilla tentadora, golosinas

Tiempo necesario: de 5 a 10 minutos

Los juegos con la trampa de cebo son especialmente adecuados para los perros a los que les gusta perseguir a la presa. El muñeco está atado a una cuerda fuerte y a un palo. Ahora mueva el muñeco rápidamente en un círculo alrededor del perro. En cuanto se le dé permiso, puede abalanzarse sobre el muñeco y atraparlo. Las varillas de estímulo pueden comprarse en las tiendas de animales o hacerlas uno mismo.

Recuerda el escondite

Nivel de dificultad: difícil

Equipo: muñeco, golosinas

Tiempo necesario: de 20 a 30 minutos

Durante el paseo, esconda el muñeco detrás de un arbusto o un árbol. Muéstrele al perro el escondite y luego siga caminando. Cuando vuelva a pasar por el escondite al cabo de veinte o treinta minutos, pida a su perro que busque. ¿Ha recordado el escondite? Si encuentra el muñeco y le trae hasta usted, recibe una recompensa. Con este juego entrena la memoria y la retentiva.

¿Quiere aumentar la dificultad? A continuación, haga algunos ejercicios de obediencia durante la distancia del escondite. ¿Su perro recuerda el escondite de todos modos? Entonces tiene una excelente memoria.

Escondite en terreno difícil

Nivel de dificultad: difícil

Equipo: muñeco, golosinas

Tiempo necesario: de 10 a 20 minutos

Muéstrele el muñeco a su perro y luego escóndalo en un lugar densamente cubierto de helechos y hierba alta o en un tronco de árbol tumbado. Deje un rastro de olor. Ahora deje que su perro busque el muñeco. Tiene que buscar en el área con su nariz y a veces mostrar su control corporal. Cuando haya encontrado el muñeco, recibirá una recompensa.

Juegos fitness para fomentar la agilidad

El ejercicio es muy importante para los perros. Es una de las necesidades básicas que hay que satisfacer absolutamente. Solo mediante el ejercicio su perro se mantendrá en forma y con vitalidad hasta la vejez.

Juegos fitness en interiores

No a todos los perros les entusiasman los largos paseos bajo la lluvia, la nieve y el frío. Para mantenerlos en forma durante la temporada de frío, debe realizar ejercicios en el interior.

Ejercicio para el vientre y las piernas

Nivel de dificultad: medio

Equipo: botellas, cojines, mantas, libros, tabla de madera, golosinas

Tiempo necesario: de 10 a 20 minutos

Construya un recorrido de agilidad en el plano. Asegúrese de que el suelo sea antideslizante. Se sitúan almohadas debajo de la manta para proporcionar un suelo irregular. Se acomoda un cojín debajo de la tabla de madera. Con esto ha creado un balancín. Use las botellas para formar un recorrido de eslalon. Extienda una manta sobre dos sillas para hacer un túnel. Los libros apilados crean obstáculos adicionales. Utilice señales para guiar a su perro a través del recorrido. Recompénselo con una golosina al terminar.

Saltar

Nivel de dificultad: medio

Equipo: caja, palo de escoba, manta, golosinas

Tiempo necesario: 5 minutos

Coloque la caja en una superficie antideslizante. Extienda una manta sobre la caja. Rete a su perro a saltar el obstáculo.

Ahora aumente la dificultad del ejercicio. Instale varios obstáculos seguidos. Por ejemplo, un palo de escoba sobre dos sillas. Ahora puede dar señales al perro para que salte los obstáculos y corra bajo el palo de la escoba. Después de completar los obstáculos, recompense a su mascota.

Juego del túnel para las patas fuertes

Nivel de dificultad: medio

Equipo: muebles, mantas, túnel de juego preparado, golosinas, palo de escoba

Tiempo necesario: 10 minutos

Puede comprar un túnel ya hecho en una tienda de animales o construirlo usted mismo con varios muebles. Deje el palo de la escoba sobre dos muebles y extienda una manta sobre él. Asegúrese de que el túnel tenga muchas alturas diferentes. Deje que el perro se arrastre y corra por el túnel. Recompénselo con una golosina al final.

Ahora aumentemos la dificultad: cuelgue una manta en el túnel para que el perro no pueda ver el final. Cuando se arrastre, tendrá que empujar la manta hacia un lado para llegar a la meta. Para reforzar el control de los impulsos de su perro, esconda golosinas en el túnel. Su perro solo puede comer las golosinas cuando se le ordene.

Juegos fitness al aire libre

Los juegos fitness al aire libre son fáciles de hacer. Por lo general, se pueden encontrar muchas cosas en la naturaleza para el entrenamiento físico.

Salto de obstáculos

Nivel de dificultad: fácil

Equipo: vallas diversas, golosinas

Tiempo necesario: 10 minutos

Empiece con un obstáculo bajo. Puede utilizar jardineras, troncos o un tocón de árbol. La altura de la valla debe adaptarse siempre al tamaño de su perro. Para los perros muy pequeños, basta con situar postes en el prado. Para que su perro salte la valla, primero debe familiarizarse con ella. Lleve al perro con una correa larga. Condúzcalo al obstáculo. Si lo evita, también puede empezar con un poste apoyado directamente en el suelo. Si el perro trepa por el poste, dé la orden de „saltar". Con el tiempo, aumente lentamente la dificultad del obstáculo. Una vez que su perro se haya acostumbrado a los saltos, podrá realizarlos sin correa.

Importante: Los perros jóvenes no deben saltar vallas altas, ya que las articulaciones se estresan demasiado.

Clase de natación

Nivel de dificultad: fácil

Equipo: golosinas, juguetes para nadar

Tiempo necesario: 10 minutos

Un estanque de agua para nadar siempre es muy divertido para los perros. La natación ayuda a coordinar los movimientos del cuerpo para poder tomar una determinada dirección. Además, fortalece los músculos de las piernas y el torso. Todos los perros saben nadar de forma natural. Muéstrele al perro el juguete para nadar y luego láncelo al agua. Dé la señal "bring" o „trae". Su perro nadará hasta el juguete y lo traerá a tierra. No juegue durante mucho tiempo para que su mascota no trague demasiada agua.

Marcha variada

Nivel de dificultad: bajo
Equipo: golosinas
Tiempo necesario: de 20 a 30 minutos

Cada marcha utiliza diferentes músculos. ¿Por qué no cambiar la marcha durante un paseo? Empiece con una caminata lenta. A continuación, cambie a un ritmo de carrera. Entre medias, siga saltando y animando al perro a saltar también. Haga ganchos y cambie constantemente de dirección. Su perro debe concentrarse completamente en usted para poder seguir sus movimientos.

Jugar a la pelota

Nivel de dificultad: fácil
Equipo: golosinas
Tiempo necesario: 10 minutos

A los perros les encanta jugar al pilla pilla. Corren uno tras otro, se enganchan y juegan a ser cazadores y presas. ¿Por qué no organizar un juego así con su mascota? Desafíele a que corra detrás de usted. Cambie de dirección una y otra vez. Después de un rato, cambiad de roles. Su perro corre delante y usted trate de atraparlo. Cuando quiera terminar el juego, deténgase y llame al perro. Recompénselo con una golosina.

Por supuesto, aunque usted es más lento que su mascota, él lo tendrá en cuenta y seguirá esperando para que pueda acercarse a él. Si su perro reacciona de forma nerviosa o ladra de forma excitada durante el juego, es un signo de estrés. Entonces, interrumpa el juego para una pausa relajante.

Juegos para fomentar la destreza motriz

La coordinación de movimientos y la destreza de un perro pueden fomentarse bien a través de los juegos.

Juegos para fomentar la destreza motriz en interiores

Suelo sorprendente

Nivel de dificultad: medio

Equipo: almohada, manta, libros, golosinas

Tiempo necesario: de 10 a 20 minutos

Coloque diferentes obstáculos en el suelo y luego una manta sobre ellos. Pida al perro que pase por encima de la manta. Debe moverse lo más lentamente posible para que pueda sentir los obstáculos bajo la manta. También puede trabajar con diferentes superficies. Puedes colocar una estera rugosa o una alfombra de césped artificial junto a la manta.

Ahora aumente la dificultad del ejercicio. Instale una caja grande llena de tierra o arena en el campo. El perro debe correr sobre la manta, subir a la caja y seguir corriendo. La sensibilidad de las patas se ve favorecida por las diferentes superficies del suelo.

El juego de la escalera

Nivel de dificultad: medio

Equipo: escalera de madera simple, golosinas

Tiempo necesario: 10 minutos

Coloque una escalera corta en el suelo. Deje que el perro camine lentamente sobre la escalera. Tiene que poner las patas en todos los espacios. Para el primer juego lleve a su perro con la correa y dele señales claras sobre lo que usted espera. Atraiga al perro por la escalera con las golosinas. La dificultad del ejercicio puede aumentarse incrementando el ritmo.

Obstáculos redondos

Nivel de dificultad: medio

Equipo: varios muebles, golosinas

Tiempo necesario: de 10 a 15 minutos

Coloque diferentes muebles para que su perro tenga que correr alrededor de ellos. Atráigalo a través de la carrera de obstáculos con golosinas. Cambie las distancias entre los muebles. Algunas piezas se pueden recorrer sin dificultad, otras requieren que el perro se escurra por el estrecho espacio entre ellas.

Juegos al aire libre para desarrollar la motricidad

El paseo es bueno para mejorar la destreza motriz de su perro. Las ramas, tocones de árboles o montones de piedras se pueden utilizar para jugar.

Equilibrio sobre el tronco de un árbol

Nivel de dificultad: alto

Equipo: golosinas

Tiempo necesario: 10 minutos

Los troncos anchos de los árboles son ideales para practicar el equilibrio. Atraiga a su perro hacia el tronco con una golosina. Deje que el canino pase por encima del tronco varias veces.

Una vez que su perro se haya acostumbrado al juego de equilibrio, puede elegir un tronco más fino. Al cabo de unas semanas, su perro será capaz de mantener el equilibrio sobre un tronco estrecho.

El juego de equilibrio

Nivel de dificultad: fácil

Equipo: varias tablas, golosinas

Tiempo necesario: de 10 a 15 minutos

Instale varias tablas de diferentes longitudes y anchuras en el suelo. Deje suficiente espacio entre las tablas para que su perro también tenga que caminar sobre la tierra y la hierba. Las patas de los perros tienen numerosas terminaciones nerviosas incrustadas en la almohadilla de grasa. Al correr, perciben el suelo con precisión y pueden así orientarse. En la naturaleza, los perros evitan correr sobre una superficie desconocida.

Lleve a su perro con una correa y condúzcalo por encima de las tablas. Si vacila, atráigalo con una golosina. Siga haciendo el juego con descansos hasta que sea completamente normal que su perro corra por diferentes superficies.

El balancín

Nivel de dificultad: difícil

Equipo: tabla, cuña de madera, golosinas

Tiempo necesario: 10 minutos

Coloque la tabla sobre la cuña de madera para hacer un balancín. Un extremo toca el suelo y el otro sobresale libremente en el aire. La tabla debe ser lo suficientemente ancha para que no pueda deslizarse de la cuña de madera. Lleve a su perro al balancín. Ahora atráigalo con una golosina. Conduzca lentamente al perro hacia arriba. El perro debe equilibrar el movimiento. Ahora puede correr hacia el otro extremo. Premie al perro cuando haya completado el ejercicio. Si el perro se asusta y salta, simplemente empiece de nuevo.

Columpios

Nivel de dificultad: difícil

Equipo: columpio, golosinas

Tiempo necesario: 10 minutos

Utilice un columpio con una tabla de asiento ancha. Primero el perro tiene que acostumbrarse al columpio. Fije el tablero del columpio para que no se tambalee. Estimule a su perro con una golosina para que salte sobre la tabla y se „siente". Recompénselo.

También puede hacer este ejercicio con un clicker. Cuando el perro se acostumbre a sentarse en la tabla, mueva el columpio ligeramente. Su perro hará equilibrio por los movimientos de balanceo.

Juegos de vinculación

Los juegos de vinculación se realizan tanto con cachorros como con perros adultos. Se utilizan para profundizar el vínculo entre el dueño y el perro.

Mírame a los ojos

Nivel de dificultad: fácil

Equipo: golosinas

Tiempo necesario: de 5 a 10 minutos

Los perros no miran a otros perros a los ojos, ya que esto se considera un ataque. Con las personas es diferente. Les encanta mirarlas directamente. Este comportamiento se puede entrenar con un juego. Tome una golosina en la mano y muéstresela al perro. En cuanto el perro le mire, dele la golosina. Juegue a este juego varias veces. Ahora esconda la golosina detrás de su espalda. Llame al perro. En cuanto le mire, dele la golosina. Al cabo de unos días, el perro le mirará a los ojos para conseguir la golosina.

Otros juegos de unión

Para reforzar el vínculo con su perro, puede organizar sesiones de mimos y otros juegos en los que se corre o se persigue juntos. La mentira de contacto también es una buena manera de profundizar la relación con su mascota.

Juegos de inteligencia

Los perros no solo quieren ser desafiados físicamente. Son inteligentes y necesitan variedad para no aburrirse. Para mantener a su perro mentalmente en forma hasta la vejez, puede organizar juegos de inteligencia.

Juegos de inteligencia en interiores

Juego de bolos

Nivel de dificultad: fácil

Equipo: tablero de juego con huecos y bolos de madera, golosinas

Tiempo necesario: de 10 a 15 minutos

Acomode una golosina debajo de los conos y luego la tabla en el suelo. Deje que su perro huela los conos. Cuando toque un cono con el hocico, haga clic. Su perro olerá las golosinas e intentará derribar los conos con su hocico. Si lo consigue, puede comer la golosina que hay debajo.

Ahora haga el juego un poco más difícil. Coloque los conos en el hueco de tal manera que su perro tenga que empujarlos con fuerza para alcanzar la golosina.

¿Quieres variar más el juego? A continuación, coloque una golosina debajo de uno o dos conos. Ahora su perro tiene que usar su fino olfato para encontrar la golosina.

Juego de cajones

Nivel de dificultad: difícil

Equipo: juego de inteligencia con conos y cajones, golosinas

Tiempo necesario: 10 minutos

Llene los huecos bajo los conos y los cajones con golosinas. Coloque el tablero de juego en el suelo delante de su perro. Primero derribará los conos y se comerá las golosinas. Recompénselo con un clic. Para las golosinas de los cajones, el perro debe encontrar primero la forma de abrirlos. En la parte delantera se coloca una cuerda corta. Si el perro toca la cuerda con el hocico, haga clic. Si el movimiento es automático, detenga el clic. Al principio, su perro estará confundido. Entonces intentará el siguiente paso. Si coge la cuerda entre los dientes, haga clic y dé la señal "bring" o „tira". Si el perro tira de la cuerda, el cajón se abrirá y él podrá comer la golosina.

Si no desea comprar un juego ya hecho, puede utilizar cajones de muebles que se puedan abrir sin mucho esfuerzo. Coloque una cuerda de la que su perro pueda tirar.

Girar las botellas

Nivel de dificultad: medio

Equipo: cuerda, botellas vacías, golosinas

Tiempo necesario: 10 minutos

Haga dos agujeros en la botella de plástico. Pase la cuerda por los dos agujeros. Llene la botella con golosinas. Sujete los dos extremos de la cuerda y muestra la botella a su perro. Verá y olerá las golosinas. En cuanto su perro empuje la botella, recompénselo. Muéstrele que una golosina está cayendo por la abertura girando la botella. Su perro seguirá empujando la botella con su hocico o su pata para llegar a las golosinas que hay dentro.

Bola de comida

Nivel de dificultad: fácil

Equipo: bola de comida (o como sustituto rollo de cartón, golosinas)

Tiempo necesario: de 5 a 10 minutos

Llene la bola de comida con golosinas. Hágala rodar por el suelo delante de su perro para que pueda ver cómo caen las golosinas cuando se mueve. Dele la bola a su perro. Le hará rodar por el suelo con el hocico o la pata.

También puede hacer una bola de comida usted mismo. Haga agujeros en un rollo de cartón. Rellene el rollo con las golosinas y selle los extremos con papel de cocina. La bola de comida está lista.

Al jugar con ella, el perro se premia a sí mismo. Por lo tanto, no influye en la relación con el propietario.

Juego de palanca

Nivel de dificultad: difícil

Equipo: juego de palanca de madera

Tiempo necesario: de 10 a 15 minutos

El juego de palanca consiste en una columna que se llena de golosinas con una palanca en el lateral. Cuando el perro presiona la palanca, se abre una pequeña abertura en la parte delantera de la columna que deja caer una golosina.

Acomode el juego en el suelo, delante de su perro. Deje que lo olfatee bien. Los perros que ya tienen experiencia con los juguetes inteligentes intentarán rápidamente empujar la palanca. Lo ideal es ayudar a un perro inexperto con el primer juego. Espere a que toque la palanca con la pata o el hocico y premie la acción con un clic. Su perro presionará más fuerte la palanca una vez al azar. Una golosina caerá. A los perros jóvenes hay que enseñarles el truco varias veces.

Juego de desplazamiento

Nivel de dificultad: fácil

Equipo: juego de madera, golosinas

Tiempo necesario: 10 minutos

En una placa de madera ovalada hay largas depresiones en las que descansa un disco redondo. En un lado de la larga depresión hay un agujero en el que se coloca la golosina. Su perro tiene que mover el disco para sacar la golosina del agujero con la lengua. Este juego de inteligencia es relativamente fácil para la mayoría de los perros. Mueven el disco con el hocico o la lengua y así tienen una sensación inmediata de logro.

Juego de solapas

Nivel de dificultad: difícil

Equipo: caja de cartón o de madera, golosinas

Tiempo necesario: 10 minutos

Deposite una caja en el suelo. La tapa debe sobresalir ligeramente y ser fácil de abrir levantándola. Llene la caja con golosinas. Su perro olfateará la caja con curiosidad. Probablemente levantará la tapa por accidente. De hacerlo, también debe empujarla hacia abajo para comer las golosinas. Después de un tiempo, abrir la caja ya no será un problema para el perro.

Ahora puede aumentar un poco más el nivel de dificultad. Deje un objeto en la tapa de la caja. Su perro debe tomar primero el objeto con el hocico y retirarlo antes de poder abrir la tapa. Puede probar muchas otras variaciones que mantienen el juego interesante para su perro durante mucho tiempo. Por ejemplo, ate la tapa con un cordel. El nudo debe permitir que la tapa se abra al tirar de él. Esconda la caja debajo de un sillón. Su perro debe sacarlo primero con la pata antes de poder abrir la tapa.

Campanilla

Nivel de dificultad: medio

Equipo: campana de mesa, golosinas

Tiempo necesario: 10 minutos

Coloque la campana de mesa en una mesa baja. Muestre la campana al perro y pulse el interruptor de la misma para que suene. Espere a que su perro toque la campana con la pata y premie la acción con un clic. Después de un tiempo, solo recompense al perro por tocar el interruptor en la parte superior de la campana. Cada vez que su perro pulse el interruptor y suene la campana, recibirá una golosina.

¿Quiere que su perro juegue solo? Entonces combine la campana con un alimentador automático. Cada vez que suena la señal, los alimentos caen de la máquina.

Juegos de inteligencia en exteriores

Los juegos de inteligencia pueden jugarse no solo en el interior, sino también en el exterior.

Gira todas las botellas

Nivel de dificultad: medio

Equipo: botellas de plástico, cuerda, marco

Tiempo necesario: 10 minutos

Ate varias botellas a la cuerda. La cuerda se estira entre dos soportes. Llene las botellas con golosinas. Al girar las botellas, las golosinas caen. Su perro se premiará a sí mismo con este juego.

Tira de las latas

Nivel de dificultad: difícil

Equipo: latas con bordes redondeados, tocón de árbol, golosinas, cuerdas

Tiempo necesario: 10 minutos

Haga un agujero en la pared de la lata. Pase una cuerda por el agujero y anúdela para evitar que se salga. Rellene la lata con las golosinas y cierre la tapa. Ordene varias latas sobre un tocón de árbol o una mesa baja. Asegúrese de que las cuerdas estén colgando. Ahora su perro puede investigar el juego. Si toca una cuerda, haga clic. A continuación, dé la señal "pull" o „tira" en cuanto toque la cuerda. Si su perro tira de la cuerda, la lata se caerá, se abrirá la tapa y su perro podrá recompensarse a sí mismo con las golosinas.

Tronco de árbol hueco

Nivel de dificultad: difícil

Equipo: tronco de árbol hueco (también se puede utilizar un túnel como sustituto), golosinas

Tiempo necesario: 10 minutos

Esconda las golosinas en una pequeña bolsa en el tronco hueco del árbol. Pida a su perro que busque las golosinas. Si no puede alcanzar la bolsa con sus patas, deberá arrastrarse hasta el tronco del árbol. El perro debe agarrar la bolsa con los dientes y sacarla. Ahora dé la señal "bring" o „trae". Abra la bolsa y recompense al perro con una golosina.

Juego de aros

Nivel de dificultad: medio

Equipo: neumáticos de diferente ancho y tamaño, golosinas

Tiempo necesario: 10 minutos

Ordene los neumáticos uno al lado del otro en la hierba y esconda una golosina en cada neumático. Ahora el perro tiene que buscar las golosinas. Para el siguiente paso, apile los neumáticos uno dentro del otro. Utilice siempre neumáticos de diferentes tamaños para las pilas. Su perro debe ahora saltar dentro de los neumáticos grandes o quitar los neumáticos pieza por pieza para llegar a la golosina en el neumático más bajo.

Desenvuelve

Nivel de dificultad: medio

Equipo: paños, mantas, golosinas

Tiempo necesario: 10 minutos

Envuelva las golosinas en paños y mantas. Haga una pila con las mantas. Ahora su perro debe averiguar en qué paños están escondidas las golosinas y sacarlas del montón. Aumente la dificultad ocultando otras cosas interesantes, como juguetes, entre las mantas. Su perro no debe distraerse con esto.

El juego del teatro

Nivel de dificultad: medio

Equipo: caja de cartón, golosinas

Tiempo necesario: de 10 a 20 minutos

Deje una caja de cartón grande en el suelo. Corte un hueco estrecho en la pared opuesta de la boca de la caja para hacer una especie de túnel. Siéntese en el lado abierto. Su perro se sienta delante del hueco. Así él puede ver cómo usted deja una golosina en la caja. Sin embargo, la cabeza de su mascota no entrará en el hueco. ¿Cómo se las arreglará para alcanzar la golosina? Por ensayo y error descubrirá que tiene que caminar alrededor de la caja para poder comer la golosina.

El juego de la ventana

Nivel de dificultad: medio

Equipo: caja de cartón, film transparente, cuenco con comida

Tiempo necesario: de 5 a 10 minutos

Corte una gran abertura en tres paredes de la caja cartón y cúbralas con film transparente. Ubique la caja de cartón con el lado abierto en dirección contraria al perro. Deje el plato de comida en la caja. Su perro puede ver la comida. Sin embargo, no tiene forma de llegar al cuenco a través del film transparente. Para comer tendrá que encontrar su camino alrededor de la caja.

Juego de estanterías

Nivel de dificultad: medio

Equipo: tablero, dos libros, golosinas

Tiempo necesario: 10 minutos

Ubique el tablero encima de los dos libros. El tablero debe tener en el centro un gran recorte que se cierre con una lámina transparente. Ahora coloque algunas golosinas debajo de la tabla. Su

perro puede ver las golosinas, aunque su hocico
es demasiado grande para el hueco. Así que tiene
que buscar otras soluciones. Si no funciona con el
hocico, pronto lo intentará con las patas. Así ya
habrá sacado una golosina.

Juegos para necesidades especiales

Algunos perros tienen una movilidad limitada. Por ejemplo, los de edad avanzada, los perros con sobrepeso, los debilitados por enfermedades y los perros con discapacidades. Sin embargo, a ellos también les gusta jugar y disfrutar de las actividades que realizan junto a sus dueños. Por ende, los juegos deben adaptarse a las necesidades especiales de estos perros.

Juegos para cachorros

Los cachorros primero tienen que explorar su entorno. Se separan de su madre y de sus hermanos y conocen a su nueva familia. Por lo tanto, los juegos para cachorros deben estar siempre orientados a reforzar su vínculo con el propietario. Hay que tener en cuenta que su esqueleto aún no está completamente desarrollado. Los saltos sobre vallas altas o las carreras rápidas de eslalon no son adecuados para ellos. Como la capacidad de concentración de los perros es todavía muy corta y dura un máximo de tres minutos, los juegos tampoco deben durar demasiado.

Para ellos son muy adecuados los siguientes planes:

- Lanzamientos cortos con pelota blanda
- Primer entrenamiento lúdico con clicker
- Juegos de unión con golosinas
- Ejercicios de motricidad con bastones tumbados en el suelo
- Juegos de búsqueda con pequeñas cajas en las que se esconden juguetes o golosinas
- Búsqueda de comida en el piso con escondites sencillos

Juegos para perros pequeños y ligeros

Los perros pequeños y ligeros son ágiles y rápidos. Son buenos para correr el slalom y superar los obstáculos bajos. Arrastrarse por un túnel tampoco es un problema para ellos. Si hay que superar obstáculos altos, los perros pequeños necesitan sus propios medios de escalada, como escaleras o rampas.

Son muy adecuados para ellos estos juegos:

- Flyball
- Cursos de agilidad con obstáculos bajos
- Juegos con pelotas
- Juegos de inteligencia

– Juegos de búsqueda de alimentos

– Trabajo olfativo

– Juegos con calcetines colgantes

Los perros pequeños suelen sobrestimar sus capacidades físicas. Si persiguen una pelota, lo harán hasta el agotamiento total. Asegúrese siempre de que su mascota tome descansos para relajarse.

Juegos para perros grandes y pesados

Los saltos y obstáculos altos no son adecuados para los perros grandes y pesados. Estos no pueden acelerar tan rápido como los perros pequeños ni cambiar de dirección con agilidad.

En cambio, funcionan bien para ellos las siguientes dinámicas:

– Juegos de escondite y buscar

– Juegos de inteligencia

– Juegos de lanzamientos cortos

– Juegos en el agua

Adiestramiento con clicker para perros

Conceptos básicos del clicker

Para un buen adiestramiento, la recompensa debe darse en un corto periodo de tiempo para que su perro pueda asociar la recompensa con la acción realizada previamente. El perro está condicionado al clicker antes de la primera sesión de entrenamiento.

El acondicionamiento

El primer paso para subordinar al perro al clicker es el condicionamiento clásico. Probablemente aún conozcas el reflejo pavloviano. Un perro recibe comida. Al mismo tiempo, suena una campana. Después de un tiempo, el perro produce saliva cuando suena la campana aunque no puede ver ni oler la comida.

Para condicionar a su perro al clicker, debe trabajar en parejas. Una persona pulsa el clicker y la otra le da al perro una golosina de entrenamiento. La recompensa debe darse siempre al mismo tiempo que el clic. Dependiendo de cada persona, el acondicionamiento puede durar desde unos días hasta varias semanas. Reconocerá el éxito de la dinámica cuando su perro ya no mire la golosina sino el clicker. Está esperando un clic, que es una recompensa para él. Un clic siempre es solo una promesa. El perro sabe que será recompensado por sus acciones más adelante. Por eso nunca deje de cumplir la promesa a su mascota o podría comprometer el entrenamiento.

Una vez que el acondicionamiento se ha completado con éxito, puede comenzar con el primer entrenamiento con clicker. Incluso los cachorros pueden ser condicionados juguetonamente a un clicker. El clic es una señal marcadora independiente que hace posible una comunicación comprensible entre el perro y el ser humano.

Juegos con el clicker

El clicker ayuda a los perros a aprender más rápido mediante la recompensa y el éxito. Si los juegos mentales se combinan con un clicker, su perro encontrará la solución al problema más rápidamente.

Juego con el clicker

Nivel de dificultad: medio

Equipo: chupete, clicker, golosinas

Tiempo necesario: de 10 a 15 minutos

Lance el chupete relleno y deje que su perro lo busque. En cuanto encuentre el chupete, recompénselo con un clic. Ahora dé la señal "bring" o „trae". Si el perro trae el chupete, haga clic. Si el perro le da el chupete sin resistencia, otro clic. Ahora puede darle al perro la golosina esperada.

Llevar el objeto oculto

Nivel de dificultad: difícil

Equipo: Cargador, juguete, cuerda, golosinas, clicker

Tiempo necesario: 10 minutos

Este juego tiene una estructura muy compleja. Para dar a su perro la oportunidad de aprender el juego, debe dividir el entrenamiento en pasos individuales.

Paso 1: El cajón se puede abrir con una cuerda. Espera a que el perro toque la cuerda con el hocico. Haz clic.

Paso 2: Sólo se hace clic cuando el perro toma la cuerda entre los dientes. Ahora combina la acción con la señal „Pull". Haga siempre un clic cuando su perro tire de la cuerda. Si tira con fuerza, el cajón se abre. Haz clic.

Paso 3: El juguete está en el cajón. ¿Su perro lo olfatea? Haz clic. Introduce aquí el comando „Traer" en el ejercicio. El perro coge el juguete. Haz clic. Él te lo trae. Haz clic.

Paso 4: Su perro realiza el ejercicio completo por sí mismo. Haz clic.

Ahora recibe su recompensa final.

Cuanto más complejo es un juego, más hay que dividirlo en pasos individuales.

Entrenamiento con el clicker

No solo se pueden aprender trucos con el clicker. También puede utilizarse como ayuda en el entrenamiento diario.

Talón con el palo de la diana

Nivel de dificultad: fácil

Equipo: Palo de la diana, golosinas

Un palo de diana es un palo con un extremo marcado con una cinta roja. El objetivo es que su perro toque la marca roja con el hocico.

Acomode el palo en el suelo. Espere a que su perro toque el palo. Haga clic. Después de un tiempo, recompense con un clic solo cuando el perro toque el marcador rojo. Ahora tome el palo. Espere hasta que su perro toque la zona roja con el hocico. Haga clic. Después de muchas repeticiones, el perro seguirá tocando el marcador porque quiere recibir el clic como recompensa. Ahora sujete el bastón paralelo a su pierna. Si el perro toca el palo con el hocico, recibe un clic.

Al igual que este ejercicio, el clicker puede utilizarse para entrenar otros comportamientos deseados. El perro aprende muy rápidamente a través del éxito.

Errores típicos de los principiantes

Es fácil cometer errores en el adiestramiento con clicker si no se cuenta con orientación profesional. Uno de los errores más comunes es no dedicarle suficiente tiempo a la fase de acondicionamiento. Si el adiestramiento se inicia demasiado pronto, la recompensa a través del clicker no funciona correctamente, pues el vínculo no se consolida. Solo un buen acondicionamiento garantiza el éxito posterior del entrenamiento. Así que sea paciente e invierta tiempo en la preparación.

Lo mejor es practicar con un compañero al principio, sin involucrar al perro. Utilice una pelota de tenis y un clicker. El balón se lanza al suelo. Cada vez que rebota, usted hace clic. De esta manera, se consigue una sensación del momento en que se da la golosina y se pulsa el clicker al mismo tiempo.

Los ejercicios complejos deben dividirse siempre en varios pasos de aprendizaje. Si todo tiene que ser aprendido al mismo tiempo, su perro se abrumará. No entenderá el ejercicio y se rendirá frustrado. Por ello, divida siempre cada ejercicio en los pasos más pequeños posibles. Dele a su perro el tiempo suficiente para aprender cada paso y dominarlo. Una vez que haya dominado todo el ejercicio, puede repetirlo una y otra vez.

No exija demasiado a su perro. Recuerde que solo puede concentrarse durante un determinado período. Planifique siempre dedicar varias semanas para entrenar trucos más largos.

Señale a su perro que el entrenamiento ha terminado y obséquiele el premio mayor. Esto no está vinculado a ninguna condición. Nunca olvide la recompensa final. Después del entrenamiento, el perro necesita recuperarse y relajarse. Puedes seguir con una sesión de mimos o puede retirarse a su cesta.

Los fracasos nunca deben ser castigados. El castigo provoca frustración. Su perro ya no disfrutará participando en el entrenamiento porque ya no se divierte con él. Si una acción no se realiza correctamente, simplemente no hay clic. Eso es todo lo que se necesita.

¿Para quién no es adecuado el clicker?

Algunos perros reaccionan con nerviosismo y miedo a los sonidos. Pruebe el clicker y observe atentamente la reacción de su perro. ¿Tiene curiosidad o miedo? Para amortiguar el sonido, puede presionar el clicker en su bolsillo o a su espalda.

El adiestramiento con clicker no suele ser adecuado para perros hiperactivos que apenas pueden concentrarse. Lo mismo ocurre con los cachorros. Para el acondicionamiento se necesita una capacidad de atención de al menos un minuto.

Cosas sorprendentes del mundo de los perros

Los perros son capaces de un alto rendimiento cognitivo. Son amigos leales y ayudan a los humanos en muchos ámbitos de la vida. Trabajan como perros de rescate, perros antidroga, perros de asistencia o simplemente son compañeros y miembros de la familia.

Los perros también han desempeñado un papel importante en conocidas producciones cinematográficas. Basta pensar en la conocida perra de la televisión Lassie, que ha vivido numerosas aventuras en la pantalla. O Rex, el inspector de cuatro patas, que ha desempeñado un papel importante en la resolución de casos criminales.

Los perros salvan vidas

Una mezcla de labrador y pastor ve cómo un bebé se cae a la piscina. Como no hay nadie cerca, salta al agua. Se sumerge en el fondo de la piscina y saca al bebé a la superficie. Sostiene al bebé con su hocico para que no pueda volver a hundirse. Aguanta hasta que los padres del niño llegan y lo sacan del agua.

Los perros también colaboran con los socorristas en las playas italianas para garantizar la seguridad de los bañistas. Si un bañista está en apuros, los perros se lanzan al agua y tiran de la gente a la orilla.

Los equipos caninos con perros especialmente adiestrados trabajan en los países donde se ha producido una catástrofe natural. Buscan a personas bajo los escombros de las casas derrumbadas y salvan muchas vidas. La misión supone un enorme estrés para los perros, ya que a menudo solo encuentran cadáveres. Sin embargo, siguen buscando incansablemente e incluso arriesgando sus propias vidas.

El labrador marrón Nanook se hizo famoso en Málaga, España, donde observó en una playa que un anciano corría peligro de ahogarse. El perro arrastró a su dueño hasta el lugar y le mostró al hombre ahogándose. Éste se salvó como resultado del instinto del canino.

Debbie Parkhurst había comido una manzana. Un trozo de manzana se le atascó en la garganta. Debbie corría peligro de ahogarse. El golden retriever Toby estuvo inmediatamente en el lugar. Saltó sobre el pecho de Debbie varias veces. Esto hizo que la manzana se le escapara de la garganta. Debbie pudo volver a respirar. Toby le salvó la vida.

Noah, un pastor alemán, defendió a su familia hasta su último aliento. La familia fue amenazada con una pistola en el coche. Se hicieron disparos.

Noah saltó valientemente por la ventana y atrapó las balas con su cuerpo. La familia estaba a salvo, el atacante huyó. Desgraciadamente, Noah quedó tan malherido que murió poco después.

Barry, un perro San Bernardo, es especialmente conocido por haber rescatado repetidamente a personas en apuros en la montaña de Sankt Gotthart.

Balto, un perro pastor, consiguió salvar a toda una ciudad en 1925. Llevó el vital suero de la difteria a la ciudad durante una epidemia en medio de una nevada que hacía imposible trasladarlo por humanos.

En Kolborn, un perro alertó a su dueño de un incendio cercano en un pequeño bosque. El perro evitó un gran incendio forestal. Las casas cercanas se salvaron.

En Bielefeld, los cubos de basura se incendiaron de repente. El fuego ya se había extendido a la casa. El perro de la casa vecina despertó a la gente ladrando con fuerza. Todos pudieron ser rescatados de la casa en llamas.

El labrador Luise también salvó a su familia. Se podía oler el humo en el salón de un piso de Hacheney. Se había producido un incendio en el piso vecino. El fuego ya se estaba extendiendo a la sala de estar. Luise ladró y alertó a los demás habitantes de la casa. El fuego se apagó justo a tiempo. Ninguna persona resultó herida gracias a Luise.

Perros de asistencia

Los perros de asistencia construyen puentes que conectan a las personas. Apoyan a las personas que padecen enfermedades o limitaciones en la vida cotidiana y les permiten vivir de forma independiente.

Haatchi era un perro muy especial. Owen, de 10 años, sufría el síndrome de Schwartz-Jambel. Antes de conocer a Haatchi, el chico casi se había rendido. El propio Haatchi estaba limitado físicamente. El perro había perdido una de sus patas traseras en un accidente. Entre Owen y Haatchi fue amor a primera vista. Haatchi le dio a Owen la fuerza para ir por la vida con alegría. El valiente perro fue un importante apoyo para el pequeño Owen.

No importa en qué áreas: Los perros son los héroes silenciosos de nuestra vida cotidiana. Inquebrantables, permanecen a nuestro lado e incluso arriesgan su vida para proteger la nuestra. No se puede pedir un mejor amigo.

 # Conclusión

Ahora ha llegado al final del libro. Le agradezco que haya comprado y leído el libro. Espero que ambos disfruten alguno de los juegos que han sido reseñados aquí. Utilice las sugerencias del libro para tener una buena vida con un perro feliz y en forma a su lado.

¿Hay muchos dueños de perros en su círculo de amigos? Compre el libro como regalo para ocasiones especiales. Sus amigos estarán tan entusiasmados con el libro como usted.

Le deseo muchas más alegrías con el libro y las actividades conjuntas con su perro.

Diseño de portada: Javier Brosch (Shutterstock)

Estimado lector

¿Le ha gustado este libro? Agradecemos sus sugerencias de mejora, críticas y preguntas sobre el libro.

La opinión y satisfacción de nuestros lectores es muy importante para nosotros.

Por ello, no dude en ponerse en contacto con nosotros enviando un correo electrónico a booksheltergmbh@gmail.com.

Esperamos recibir su mensaje.

Le saluda atentamente

Book Shelter

Printed in Great Britain
by Amazon

16024290R00064